AF245749

SECTION DE LA CITÉ.

RAPPORT

Des Commissaires nommés pour la distri-
bution du prix de Valeur, donné par la
Citoyenne BIDAUT, de la Section.

Lédit Rapport fait en Assemblée générale, le
5 Ventôse, an 2 de la République française, une
& indivisible.

SECTION DE LA CITÉ.

RAPPORT

Fait en Assemblée générale,

Le Quintidi 5 Ventôse, an 2me de la République Française, une et indivisible,

PAR les Commissaires nommés pour la distribution du Prix de Valeur, donné par la Citoyenne BIDAUT, et destiné au trait le plus héroïqu d'un Citoyen de la Section.

RÉPUBLICAINS,

AU moment où la Convention vient de mettre le sceau à sa gloire et à celle du Peuple Français, par ce décret bienfaisant qui rend à la Nature, et dès-lors à la Liberté, des infortunés que la cupidité européenne traita trop long-tems comme des bêtes de somme; au moment où, de tous les points de la Ré-

A 2

publique, s'extrait des entrailles de la terre cet agent meurtrier, qui, par des mains libres, doit anéantir les despotes dont l'existence la souille depuis tant de siècles, vous allez décerner un prix à l'Héroïsme,

Le récompenser, c'est le propager.

Des Républicains tentent tous les triomphes et les obtiennent.

Vous nous avez chargés de recueillir les divers traits héroïques dont vos Concitoyens ont puisé parmi vous les principes, et dont vous aimerez à perpétuer le souvenir.

Votre confiance, toujours précieuse, l'est davantage quand nous goûtons l'espoir d'exciter votre admiration comme nous avons vu fixer la nôtre.

Une Citoyenne, son nom mérite d'être cité, la Citoyenne BIDAUT, vous donne les moyens d'accorder des récompenses. Elles seront dignes de Républicains ; la gloire en fait le prix. Qui pourrait le méconnaître ne serait qu'un esclave.

Les récompenses des despotes sont de l'or ; que leur coûte-t-il ? un crime de plus. Ils ne les calculent pas ; le remord est pour eux un frein inutile ; l'insatiable avarice les en garantit. La sueur du Peuple leur donne ce métal corrupteur ;

(5)

ils lui donnent en échange la dégradation et l'esclavage.

Des Hommes libres récompensent par l'estime, le premier des biens, par une branche de laurier, une couronne de chêne, une arme, une arme..... La valeur Française la préfère à tout.

Moins pressés de vous offrir, Citoyens, l'occasion d'exercer un acte éclatant de justice, nous eussions, sans doute, recueilli plus de traits héroïques de la part des Défenseurs de la Patrie, sortis de votre sein, mais nous avons pensé ne pas devoir différer de vous procurer cette jouissance, et de payer à nos Concitoyens le juste tribut d'éloges que vous leur accorderez de concert avec nous.

L'énergie des passions communique à l'homme des facultés au‑delà de celles qui lui paraissent propres; que ne peut l'amour de la Liberté! son feu sacré épure et enflâme tous les âges.

Dans une de vos dernières séances, la jeunesse à peine adolescente exprima, par l'organe du Commandant de la force armée de la Section, ce patriotisme brûlant, caractère distinctif des ames républicaines.

Tels doivent être les Enfans de la Section de la Cité ; tels ils seront.

L'amour de la Liberté leur a fait concevoir l'idée d'en exposer, à nos regards, le signe respectable, planté, soigné, cultivé de leurs mains : ils veulent, ainsi que l'a dit énergiquement leur interprète, en plantant cet arbre, en le voyant étendre ses rameaux bienfaisans, croître avec lui à la Liberté et jurer de la défendre aussi-tôt que leurs forces pourront seconder leur courage.

A l'instant où vous accueillîtes cette proposition, (pouvait - elle manquer de l'être), un de ces jeunes Républicains dit, avec ce ton de vérité qu'inspire le sentiment :

« Nous irons nous - mêmes chercher cet » arbre ; nous l'apporterons ; nous voulons » l'arroser de nos sueurs. »

Quel favorable augure annonce ce peu de mots !

Heureux Pères de famille, Mères respectables qui nous entendez, nous anticipons sur vos jouissances futures ; que vos leçons, et sur-tout vos exemples, les réalisent !

Vous avez, Citoyens, deux objets à distribuer.

Un de ces objets ne paraît convenable qu'à l'âge de 12 à 14 ans.

Vous devez faire germer le feu du courage et l'enthousiasme de la Liberté dans la génération qui s'élève ; elle annonce les plus heureuses prémices ; elle aura vos vertus à imiter : présentez-lui l'expectative du prix de ses premiers succès, vous ferez naître des héros. La Section de la Cité doit ambitionner cet avantage et l'obtenir ; elle s'est honorée en plus d'un genre ; elle se maintiendra à la hauteur où elle s'est placée : les montagnards abhorrent l'atmosphère infecte des marais.

Nous vous proposons, Citoyens, de ne distribuer qu'un de ces objets.

A qui l'accorderez vous ? Voilà le point de votre décision.

Que la vertu accueille la vertu.

Le premier trait qui vous a frappés est celui de Claude Bitry, Menuisier, rue de la Licorne, n°. 3.

Nous ne pouvons résister au plaisir de vous le retracer ; vous l'entendrez avec intérêt ; vous louerez de nouveau son humanité, vertu précieuse sans laquelle aucune n'existe, sans laquelle l'homme n'est plus homme.

Le Français se distingue essentiellement par

cette vertu, même envers ses ennemis ; il est toujours généreux, sensible.

Au commencement de Vendémiaire , 24 prisonniers rébelles de la Vendée sont conduits à Saumur. Arrêté dans une petite Commune pour se rafraîchir, Bitry les rencontre. Il avait été leur prisonnier ; il avait éprouvé leur atrocité ; il ne connaît pas la vengeance. Il oublie leur crime ; il oublie le dégré d'avilissement où sont plongés des êtres assez dégradés pour se refuser à la Liberté et s'efforcer de ressusciter le despotisme : le malheur les frappe ; il ne voit plus que des hommes ; il s'en approche et leur distribue un pain , pesant 27 livres , qui lui avait coûté sept francs.

« J'ai cruellement souffert , leur dit-il , » tout le tems que vous m'avez détenu prisonnier ; vous ne me donniez chaque jour » qu'une demi-livre de mauvais pain ; vous » me laissiez sans paille pour me coucher ; » vous avez eu la cruauté de me couper les » cheveux , ainsi qu'à mes camarades. Eh » bien ! apprenez que chez un grand Peuple » on rend le bien pour le mal , et si ceux dont » vous avez excité le ressentiment voulaient , » dans la route , se porter à quelques excès » contre vous , mon corps servirait de rempart

» aux vôtres. Vous êtes sous le glaive de la
» loi. »

Le citoyen Janneau, Capitaine de la compagnie des réfugiés patriotes de la Chateigneraye, en annonçant ce fait à la Convention, séance du 8 Brumaire, ajoute : (*)

« Sensible à cette conduite aussi vertueuse
» que généreuse, je me suis informé du nom
» de ce vrai Républicain. Je m'appele, m'a-
» t-il dit, Claude Bitry : j'ai laissé ma femme
» et mes enfans ; je les aime comme moi-
» même, mais la République et l'honneur me
» font un devoir de rejoindre mon corps, c'est
» le huitième Bataillon de Paris ; j'y cours
» et j'y resterai tant qu'il existera un seul
» révolté à détruire.

» Ce n'est pas tout. Six autres de nos pri-
» sonniers, écrit encore le citoyen Janneau,
» m'ont dit que ce Camarade leur avait, dans
» leur prison mutuel, et depuis leur élargis-
» sement, donné beaucoup de secours qu'il
» leur avait lui-même offerts. »

La Convention a arrêté mention honorable de la conduite de Bitry.

____

(*) Courrier de la Convention et de la Guerre, du 9 Brumaire, an deuxième de la République Française, une et indivisible.

Quel est celui d'entre vous, Citoyens, qui ne l'admire !

Ce triomphe sur soi-même est difficile: la vengeance est la passion la plus irrésistible. Bitry connaît toute l'attrocité de ses ennemis; il en a été victime; il étouffe son ressentiment; il leur fait du bien; il ne suit pas un mouvement spontané de son cœur; la bienfaisance paraît lui être habituelle.

Cette vertu attire et reçoit tous les hommages, jusqu'à ceux de l'ingratitude. On tient peu compte d'un bienfait , par la raison qu'il est plus souvent un besoin pour celui qui l'accorde, que pour celui qui le reçoit.

Le plus beau de nos devoirs est d'être utile; il porte avec lui sa récompense.

Bitry n'en mérite pas moins notre estime. Félicitons-nous de voir un de nos Concitoyens, un des Sans-culottes de la Section, montrer cette délicatesse rare , même parmi ceux qui s'en piquent le plus.

Nous nous étendons avec délices sur son éloge : s'il était présent, nous serions laconiques. Il a recueilli les suffrages de la Convention, il recueillerait les vôtres, Citoyens ; rien ne manquerait à sa gloire.

La bienfaisance et l'humanité , toutes sublimes qu'elles soient, semblent; grâces en soient rendues à l'Être - suprême, semblent, pour l'honneur de la Nature, n'être pas réservées à un petit nombre.

Il est des vertus plus extraordinaires; le courage, l'intrépidité, ces vertus si précieuses aux hommes libres, si précieuses à de vrais Républicains.

Des Sans-culottes de la Section nous en offrent des traits héroïques :

Les papiers publics en ont peu parlé; ils ne sont pas moins incontestables.

Amis sincères de l'égalité, vous les applaudirez; et vous, Egoïstes, s'il peut s'en trouver parmi nous, vos cœurs, malgré vous, reconnaîtront les loix éternelles de la Nature; vous rougirez. . . . de votre perfide nullité.

Le mérite se dérobe souvent à la reconnaissance publique, mais elle sait le trouver : si la sévérité des principes exige des recherches pénibles, elle en produit de délicieuses : vous nous féliciterez de les avoir faites.

Nous les puisons encore dans l'armée de la Vendée.

La calomnie a pu verser sur elle ses poisons; atténuez ses effets en rendant hommage à la bravoure de nos Frères d'armes.

Nous ne vous retracerons pas leurs souf-
frances, leurs angoisses pendant qu'ils étaient
prisonniers, leur dénûment absolu des choses
les plus indispensables. Le spectacle déchirant
de leurs camarades immolés à la rage impie
des forcénés fanatiques, la mort sans cesse
présente à leurs yeux avec toute son horreur,
leurs regrets de la liberté et le tourment plus
dur d'être condamnés à l'impuissance de
verser son sang pour elle; le récit qu'ils en ont
adressé à leur famille, fait frémir. Nous avons
lu une lettre de Nicolas à son frère . . . nous
épargnerons votre sensibilité . . . . . Le soldat
français sait souffrir ; un succès efface ses
maux.

Tout conspire contre la liberté ; tout de-
vient impuissant contre le courage.

L'homme libre est invincible ; l'intrépidité
le caractérise.

Ainsi se montra constament Bourgeois.

Il quittait un état flétri par le préjugé ,
dédaigné par la vanité qui en tirait son
lustre, et, comme beaucoup d'autres , jouet
des circonstances, il était au-dessus d'elles :

La Liberté apprend à les maîtriser ;
Bourgeois le prouve.

L'orgueil inquiet le voit avec chagrin élevé

(13)

aux grades militaires ; il s'en venge , il s'en montre digne.

Tout atteste sa bonne conduite , ses mœurs, son dévoûment, son intrépidité ; les vertus sont sœurs et s'unissent.

L'homme sans mœurs est un lâche ; le courage est le compagnon fidèle de la vertu.

Le 24 Juillet dernier , Bourgeois marche, à la tête de quatre-vingt hommes , sur la Commune d'Addeney, située à une lieue et demie de la Roche-de-Murn , où était campé le huitième bataillon de Paris.

Arrivé près de la Montagne rapide où est situé Addeney (ils furent obligés de se servir de leurs mains pour y monter) Bourgeois fait voir à sa troupe le drapeau blanc flotant sur les murs ; ce signe infâme le pénêtre d'une juste indignation.

« Voici l'étendard de la tyrannie , dit-il à ses compagnons d'armes ; sans doute
» de vils esclaves sont là pour le défendre :
» Marchons ; je vous engage à faire votre
» devoir. »

Un Sous-lieutenant du bataillon (il n'est pas de la Section de la Cité) se permet de dire :

« Je ne veux point monter sans artillerie ;
» je vois un Château . . . .

» Vous voyez un Château où n'est qu'une
» chaumière, réplique Bourgeois ; hé bien !
» si vous ne voulez pas monter sans artil-
» lerie, je ne demande que quatre hommes
» de bonne volonté, je me mets à leur tête. »

Huit se présentent, dont deux de nos concitoyens ; Courant, sergent de la première
compagnie, et Henri, âgé de quinze à seize
ans, fusillier de la même compagnie.

Ils partent et surprennent un poste aux
brigands.

A cette action, le jeune Henri montra ce
que peut la valeur, alliée à la vertu, contre la
férocité inséparable du crime.

Plus habile qu'une sentinelle ennemie qui
était à huit pas de Bourgeois et l'ajustait,
il le jette à terre et sauve ainsi la vie à ce
brave Républicain.

Rien ne resiste à l'empire de la vertu.

Le devoûment de Bourgeois et de ses huit
Camarades avait réveillé l'énergie des traî-
neurs ; tous les avaient suivis.

Au premier coup de feu, le tocsin sonne
de toutes parts : 500 Brigands enveloppent
ces intrépides Patriotes ; Bourgeois range sa
petite Armée en bataille, fait un feu de fil
soutenu (il n'avait que 80 hommes) : leur

fière contenance repousse les vils satellites qui s'étaient approchés jusqu'à la portée du pistolet.

Le courage, comme le génie, sait se ployer à tout.

La prudence engage Bourgeois à faire retraite: il faut passer à travers le feu ennemi ; aucun obstacle ne l'effraye; sa retraite s'effectue sans perdre un seul homme; les rébelles en eurent plusieurs de tués et de blessés.

Quel aveugle délire fait donc rejeter les charmes de la Liberté pour s'accabler des maux incalculables de l'esclavage!

La vie humaine est un fleuve parsemé d'écueils où l'art le plus avantageux est celui de dompter les événemens.

Dans le métier terrible de la guerre, cet art est d'une bien haute importance, puisqu'il est universellement utile; l'intrépidité et le sang-froid le procurent.

Bourgeois paraît le posséder.

Le 26 Juillet, jour à jamais funeste, si la Liberté pouvait périr, le Bataillon fut presque détruit. Au fort de la mêlée on disait à Bourgeois :

« Commandant, vous êtes ajusté ; les canons
» sont braqués sur vous.

» Si vous me voyez baisser la tête, fusillez-
» moi. »

Ce fut sa réponse.

L'ennemi est dans le camp : de tous côtés
on lui crie de se rendre ; il préfère d'escalader
un rocher de 140 pieds de haut, et cherche, à
travers un feu terrible, son salut où la mort,
en traversant la Loire.

Le porte-drapeau partage son courageux
devoûment ; il tente tout pour sauver l'étendard de la Liberté ; il aime mieux périr que
de l'abandonner ; il est englouti avec lui dans
les flots.

Bourgeois perd son cheval et tout son butin.

Il rencontre trois de ses compagnons d'in-
fortune ; deux sont tués à ses côtés, le troisième a la jambe cassée ; c'est Courant qui déjà
l'avait accompagné le 24 Jui[illegible] [illegible]

Courant est moins frappé d[illegible] coup que
de la douleur de ne pouvoir échaper à
l'ennemi ; l'esclavage lui est plus odieux que
la mort ; il veut se la donner. Il fait sécher
au soleil la poudre du bassinet de son pistolet ;
plusieurs fois il essaye à le faire partir dans
sa bouche ; le ciel est sourd à son vœu ; il est
prisonnier.

prisonnier. Détenu trois jours par ces bar-
bares, il a la douleur de voir fusiller ses
camarades; enfin, il est délivré, porté sur un
brancard; il répétait ce cri terrible aux contre-
révolutionnaires :

« Vive la République ! »

Les brigands ne sont plus, ou le peu qui
reste cessera bientôt d'être : de vils esclaves
ne triomphent point d'hommes libres.

Courant est consolé par nos succès : présen-
tement parmi vous, il est réduit à marcher
avec des béquilles, & ne pense plus à ses
maux. Vous y penserez, Citoyens; le patriotisme vous en fait un devoir; son sang a coulé
pour vous.

Au milieu des désastres de cette cruelle
journée, Bourgeois goûte la consolation de
garantir à son tour la vie de son libérateur, le
jeune Henri.

L'un et l'autre, en s'échappant, avaient déjà
traversé à la nâge deux bras de rivière fort
larges. Arrivés à un troisième, ils se rencon-
trent. Henry, son fusil à la main, allait périr;
Bourgeois l'apperçait, vole à lui et le sauve.
Cet intrépide jeune homme n'avait point quitté
son arme; elle lui est enlevée en ce moment;
cette perte l'afflige au point d'en pleurer.

« Je ne l'ai pas abandonnée un instant, » dit-il. »

Bourgeois la lui fait rendre ; le jeune Henri est satisfait.

Toute brillante que soit une action isolée, en excitant notre admiration, elle ne nous laisse pas toujours la preuve intime d'un mérite réel, mais une série successive de faits glorieux le démontre jusqu'à l'évidence.

Ceux que nous allons vous retracer, Citoyens, donnent à Bourgeois de nouveaux titres à votre estime.

Nous devons ces détails à Huguet, qu'un patriotisme ardent vous a fait distinguer, et qui, le premier, s'inscrivit pour aller combattre ces rébelles, dont il a éprouvé l'atrocité durant sa détention.

Lui, Nicolas, et nombre d'autres prisonniers, furent plusieurs fois sur le point de périr : le bruit de leur mort excita nos regrets ; ils en ont joui. Ils ont vu notre joie en les appercevant au milieu de nous. Ils avoient souffert pour la liberté ; son triomphe réparaît leurs maux : à peine ils en parlaient, tous s'accordaient à répandre l'éloge de Bourgeois.

Toutes les voix le répètent :

Ne nous accusez pas, Citoyens, de brûler

ici un fade encens au grade où il a été élevé.

Nommé Lieutenant-Colonel en second, un Décret de la Convention supprima ceux promus depuis le 21 Février précédent. Il fut du nombre. Au 10 Septembre ses apointemens cessèrent : l'intérêt n'eût aucune prise sur son ame ; il prouva de nouveau combien il méritoit ce grade ; il continua de servir la République gratuitement & à ses frais.

Le 12 Septembre, un détachement de 5 à 600 hommes combat l'ennemi avec avantage, depuis six heures du matin jusqu'à midi ; alors les forces des rébelles deviennent supérieures ; le détachement est contraint de faire retraite ; elle s'effectue de la Roche - d'Erigny par le Pont-de-Cé.

Ce pont est divisé en trois parties.

Déjà les brigands sont à Saint - Maurille, Commune attenante. Aucune disposition n'est faite ; la retraite est précipitée ; il faut cependant mettre un frein à l'invasion de l'ennemi prêt de s'emparer de ce Pont.

On ne pense pas à le rompre. Bourgeois survient, en conçoit l'idée, en ordonne l'exécution, met tout en œuvre pour déterminer ses camarades à le seconder ; quatre seulement sont sensibles à la voix de la patrie et de l'honneur. Ils font, avec Bourgeois, un feu assez nourri pour rendre nuls, pendant une heure, les efforts de plus de 600 fanatiques, soutenus par une artillerie formidable, et qui avaient la faculté de tirer des croisées à la faveur desquelles ils étaient retranchés.

Le Ciel protège toujours la liberté.

Nouvel Horatius Coclès, Bourgeois, à l'aide de ses quatre camarades, quoiqu'entre deux feux continuels, arrête cette horde d'esclaves, et donne aux travailleurs le temps d'exécuter le projet hardi de couper le pont.

Cette exécution conserve Angers; quelle foule de maux n'eût pas entraîné sa perte? Les revers de la guerre sont funestes par leurs suites, comme ses avantages sont inappréciables.

La victoire est assurée aux défenseurs de la liberté : les succès de ses ennemis ne sont qu'éphémères. Que peuvent de vils esclaves contre des hommes libres? Ce sont des pygmées contre des géans.

Intrépides défenseurs de la République, vous avez droit à la reconnoissance nationale. Vous, citoyens, vous aimerez à la prévenir, comme nous aimons à vous retracer les exploits de ceux qui la méritent.

François Hermand, de la Section, Caporal de la première Compagnie, est un des quatre braves compagnons de Bourgeois, au poste périlleux du Pont-de-Cé.

Bourgeois y fut blessé à l'épaule d'un coup de biscayen.

Des certificats authentiques attestent son mâle courage ; nous attestons sa délicatesse.

Ses Frères d'armes lui sont chèrs ; il se plaît à leur rendre hommage. Il cite avec enthousiasme le trait suivant :

Les 17 et 18 Septembre, les débris du Bataillon, marchant en tirailleurs, étaient parvenus à faire fuir les rébelles dans l'intérieur de la Vendée.

Un de nos Concitoyens dont le zèle patriotique s'est prononcé avec énergie, qui, constant à son poste, fut accusé d'être déserteur, calomnie accueillie par ses antagonistes, rejetée par ses amis, victorieusement réfutée par lui-même, Landron est atteint de deux coups de fusil ; l'un sur les côtes, l'autre à la cuisse. Il est renversé par terre ; il se relève. « Cette motion est incivique, dit-il, et aussi-tôt il sort de sa poche un chapelet qu'il avait pris aux brigands, le met dans son fusil, tire en disant : « Voilà du civisme. »

Plusieurs camarades l'invitent à se retirer; il s'y refuse et continue à faire feu.

Belle réponse à ses détracteurs!

Moins empressés de vous entretenir des faits glorieux de nos Frères d'armes, nous en eûssions recueilli beaucoup plus; mais nous l'avons dit, Citoyens, pouvions-nous vous refuser la délicieuse jouissance de connaître ceux qui nous étaient parvenus?

L'intrépidité et le courage, vertus réelles des Républicains, sont familières aux Français. La gloire est leur élément : vous vous hâterez d'en décerner un gage précieux.

Bitry attire particulièrement votre estime; Bourgeois la fixe également.

L'un se plût à soulager un ennemi vaincu; L'autre sût résister à un ennemi puissant.

L'un embellit son existence par le charme délicieux de répandre des bienfaits nécessaires;

L'autre sacrifie la sienne par le désir irrésistible d'arrêter des progrès sinistres.

L'un suit les mouvemens heureux de la nature, l'humanité et la clémence;

L'autre en combat les deux plus redoutables fléaux, l'aristocratie et le fanatisme.

L'un respecte l'humanité souffrante; L'autre venge l'humanité outragée.

L'un triomphe de lui-même ;

L'autre triomphe des satellites de la tyrannie.

L'un fait un trait sublime ;

L'autre les multiplie.

Vos suffrages, Citoyens, sont dûs à chacun de ceux de nos camarades dont nous vous avons entretenus : beaucoup d'autres encore y ont pareillement droit, et d'avance ils jouiffent de votre reconnoissance, mais vous prévenez nos vœux ; tous se réunissent sur le plus courageux des Défenfeurs que vous pouvez vous applaudir d'avoir envoyés contre les despotes et leurs vils suppôts.

Bourgeois recevra de vous le prix de son dévoûment.

Vive la République !

Nous vous proposons, Citoyens, le projet d'arrêté suivant :

Après avoir entendu les Commiffaires chargés de recueillir les traits d'Héroïfme dont se sont honorés les Citoyens de la Section, Défenfeurs de la Patrie ;

L'Assemblée générale, conftament attachée aux principes de la liberté et de l'égalité qu'elle n'a cessé de professer, jalouse de les propager dans tous les cœurs, persuadée que les récompenses accordées à l'héroïsme et à la vertu sont les moyens les plus efficaces d'en affermir les principes et de les répandre ; toujours empressée de rendre justice à ceux de ses Concitoyens qui ont bien mérité de la République, délibérant sur les faits honorables de ses Concitoyens, BITRY, BOURGEOIS, COURANT, HENRY, HERMAND et LANDRON ; considérant que des objets dont elle doit disposer pour récompense d'héroïsme et de valeur, un seul peut être distribué en ce moment ; que le surplus doit être réservé pour d'autres occasions non-moins glorieuses, et que la Citoyenne Bidaut procure la première à la Section de la Cité les moyens de reconnaître solemnellement les actions héroïques de ses Concitoyens,

Arrête à l'unanimité :

1°. Que le Rapport de ses Commissaires sera annexé au procès-verbal de ce jour ;

2°. Que copies de ce rapport et du présent arrêté seront remises à la Citoyenne Bidaut, comme un témoignage authentique des remercîmens de la Section de la Cité ;

3°. Qu'extrait du procès-verbal, portant mention civique du don par elle fait, lui sera pareillement délivré à la suite du présent ;

4°. Que le couteau-de-chasse cizelé, enrichi en or, à figure et à lame dorée, donné par la Citoyenne Bidaut comme prix du courage et de l'héroïsme, sera remis à l'instant, par le Président, au citoyen Bourgeois, qui, par son intrépidité, sa bravoure et son dévoûment à la République, mérite cette marque ostensible de la reconnaissance de ses Concitoyens ;

5°. Qu'au nom de l'Assemblée, le Président félicitera cet intrépide Défenseur de la Liberté, sur sa conduite vraiment héroïque, et au même nom lui donnera l'acolade fraternelle ;

6°. Qu'au même nom, il félicitera aussi Courant et Hermand, et leur donnera pareillement l'acolade fraternelle ;

7°. Que Courant, père de famille et estropié à la défense de la Liberté, recevra, comme un gage de la reconnaissance de ses Concitoyens, une somme de 200 livres ;

8°. Que les noms de ces trois intrépides et vrais Républicains, ainsi que ceux de Bitry, du jeune Henry et de Landron, seront consignés au procès-verbal, et qu'il leur sera remis à chacun copie du rapport et du présent arrêté, comme un témoignage de l'estime signalée qu'ils ont si bien mérité de leurs Concitoyens ;

9°. Que, conformément à un précédent arrêté, il sera pris des informations sur la demeure de la citoyenne Bitry, afin de parvenir à lui être utile ainsi qu'à ses quatre enfans;

10°. Que le surplus du don de la citoyenne Bidaut restera en dépôt pour, conformément à son vœu, être distribué au premier des jeunes citoyens de la section, qui, par un acte de valeur, aura bien mérité de la République;

11°. Enfin, que copies du raport et du présent arrêté seront adressées à la Convention Nationale, au Comité de Salut public, au Comité de la Guerre, au Ministre de la Guerre, au huitième Bataillon de Paris dans lequel ont servi où servent les différens Citoyens ci-dessus nommés de la Section de la Cité, au Conseil général de la Commune, à la Société des Jacobins, aux Sociétés populaires et aux quarante-sept autres Sections.

Fait et redigé par les Commissaires soussignés. A Paris, ce Octidi 28 Pluviôse, an second de la République Française, une et indivisible.

VANHECH, METTEZ, HUREAU,

L. F. FAIN.

SECTION DE LA CITÉ.

EXTRAIT du procès-verbal de l'Assemblée Générale, du 5 Ventôse, l'an deuxième de la République, une et indivisible, présidée par le Citoyen VANHECK.

LES commissaires nommés pour la distribution du prix de valeur donné par la citoyenne Bidaut, destiné au trait le plus héroïque d'un citoyen de la section, font leur raport.

Ce rapport, entendu avec grand intérêt, est interrompu par de vifs applaudissemens. L'Assemblée y voit, avec plaisir, retracer les belles actions de plusieurs Citoyens de la Section, Bourgeois, Courant, Hermand, Bitry, le jeune Henry et Landron. Les Commissaires proposent de décerner le prix à Bourgeois. Des applaudissemens renouvelés présagent l'adhésion de l'Assemblée ; le Président la consulte ; le rapport et le projet d'arrêté sont unanimement adoptés.

Le Président demande si les Citoyens Bourgeois, Courant et Hermand sont dans l'Assemblée : les deux premiers se présentent ; Hermand se trouve absent.

Bourgeois et Courant sont invités de se mettre aux deux côtés du Président : ils s'y placent ; les applaudissemens se renouvellent. Le Président, en remettant l'Arme au citoyen Bourgeois, prononce le discours suivant :

« Républicain, quand tes Concitoyens te
» décernent cette Arme, que ton zèle et
» ta valeur ont si justement méritée, en
» combattant les ennemis de ton pays, ils
» sont plus glorieux de l'honneur que tu t'es
» acquis, que de celui qu'ils te rendent.
» Que cette Arme, donnée par la recon-
» noissance à l'héroïsme, ne soit jamais
» teinte que du sang des ennemis de la
» République ; un Républicain n'en doit
» jamais répandre d'autre.

Et vous, Courant et Hermand, nous ad-
» mirons votre courage sans en être surpris.
» Si plusieurs de vos camarades n'ont pas
» rempli leurs devoirs, la bravoure avec
» laquelle vous vous êtes conduits efface
» le souvenir de leurs fautes.

» Citoyens de la Cité, félicitez-vous d'avoir

» des couronnes civiques à donner à la
» valeur et à l'héroïsme ; vous étiez faits,
» après le grand caractère que vous avez
» montré dans les circonstances critiques de
» la révolution, pour enfanter des Héros
» Républicains.

L'enthousiasme de l'Assemblée témoigne
au Président combien il a su rendre les sen-
timens dont sont pénétrés tous les cœurs. Les
deux citoyens reçoivent l'acolade fraternelle
au bruit d'une musique militaire et des cris :
vive la République !

Le citoyen Bourgeois demande la parole et
dit : « j'accepte, Citoyens, avec la plus grande
» reconnoissance et la plus tendre sensibilité,
» cette Arme, ce prix glorieux que vous avez
» tous mérité comme moi, parce que le
» sentiment qui me dirigea sur les rives de la
» Loire, vous est commun avec moi : l'amour
» de la Patrie qui vous enflâme l'a gravé
» dans tous vos cœurs.

» Vous venez de m'obtenir un nouvel emploi
» dans les Armées ; j'ose me flater qu'avec
» un fer que vous avez si bien aimanté et
» aiguisé, je justifierai votre choix, et que si
» je ne suis pas le plus heureux au combat,
» je ne céderai en bravoure à aucun de nos

» Défenseurs. Il me tarde de partir pour mettre
» en activité cet instrument d'une trop juste
» vengeance, et de le teindre plus d'une fois
» du sang des vils esclaves des despotes et
» des rois. »

De nouveaux applaudissemens retentissent dans la salle.

Le Citoyen Courant demande la parole et dit : Citoyens,

« Les témoignages de votre estime me sont
» infiniment précieux, mais je ne puis vous
» dissimuler mes regrets. Parti pour l'armée le
» 15 Juin, je fus blessé le 26 Juillet. J'ai peu
» servi ma Patrie ; un tems si court ne peut
» satisfaire mon zèle. Puisse ma blessure me
» laisser un prompt espoir de retourner au
» combat, vaincre où mourir pour la Répu-
» blique ! »

De nouveaux cris de vive la République ! retentissent de toutes parts.

L'impression du Rapport et des Discours est vivement demandée. Quelques membres observent qu'il n'y a point de fonds pour cette impression ; l'Assemblée n'y persiste pas moins, en engageant les Citoyens de contribuer à cette dépense. Chacun s'empresse d'aller au bureau ; l'impression du Rapport et des Discours est unanimement arrêtée au nombre de deux mille exemplaires.

Pour extrait conforme.

VANHECH, *Président.*

LEROY, GENREAU, DALLY, *Secrétaires.*

De l'imprimerie de la citoyenne veuve HÉRISSANT, rue de la Raison, Section de la Cité.

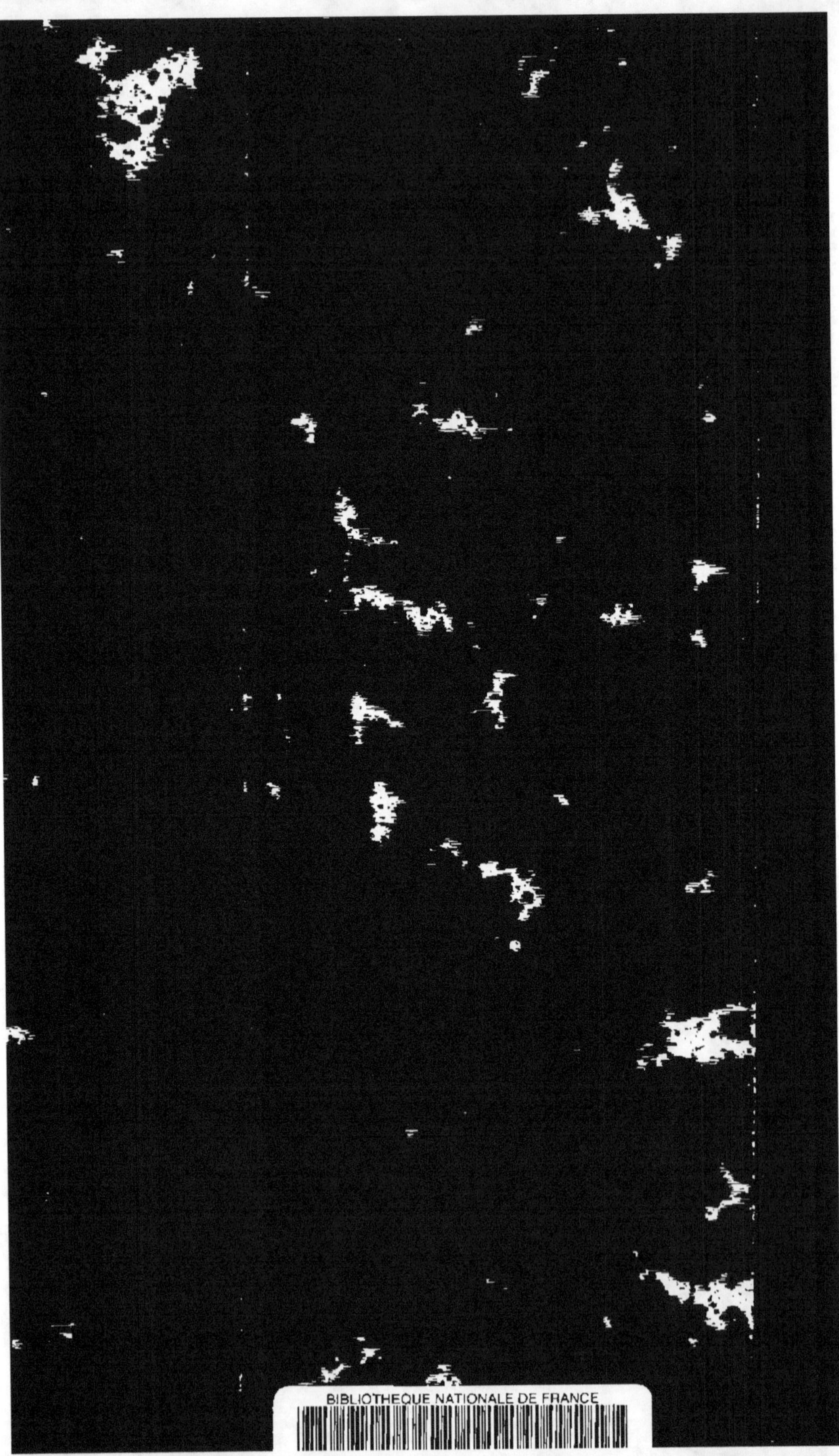